THE TRAMPIT PETH

(THE BEATEN PATH)

HAIKU IN SCOTS

BY

JOHN McDONALD

DEDICATED TO MY DEAR WIFE ANN, OUR
CHILDREN AND THEIR FAMILIES

hame frae the yirdin -
watterin
the gizzent flooers

home from the funeral -
watering
the shrivelled flowers

#

swan preenin -
feddery wiles
fleet doonstream

swan preening -
feathery lures
float downstream

#

blythefou swallae
loopin throuch
a mairchless lift

happy swallow
looping through
a borderless sky

#

sumhin's dee'd -
simmer flooers growe
throuch the banes

something's died -
summer flowers grow
through the bones

#

deuks fleet intae
a sinblink - becumin
whit a sinblink's becum

ducks float into
a sunbeam - becoming
what a sunbeam's become

#

pandemic - the day
e' en the craw
muives twa metres awa

pandemic - today
even the crow
moves two metres away

#

shaucht fause-neb -
throuch the haar
a bleckie chirmin

discarded face-mask -
through the mist
a blackbird trilling

\#

lockdoon easement
brickies back tae wark -
thayr rousty truans

lockdown relaxing
bricklayers back to work -
their rusty trowels

\#

gairden picnic -
efter the bairns win awa
the wesps redd up

garden picnic -
after the children leave
the wasps tidy up

#

pecht on the brae -
tentie o the wund
fouin a bairn's draigon

breathless on the hillside -
watching the wind
filling a child's kite

#

thankrife -
a freithin eller flooer
hystit tae anither simmer

grateful -
a frothing elder flower
raised to another summer

#

pandemic -
in's owergrowen gairden
a rose barein'ts hert

pandemic -
in his overgrown garden
a rose baring its heart

#

kirk lockdoon -
rosary i the gairden
...bummers' thrummin chorus

church lockdown -
rosary in the garden
...bees' humming chorus

#

the craturs
hae thayr ain pandemic
...chowkin on plastic

the creatures
have their own pandemic
...choking on plastic

#

the cailleach
sel-isolatin - anely
a sheddae tae be gliskit

the old lady
self-isolating - only
a shadow to be glimpsed

#

a drave o baggies -
a glisk auld sheddaes
stanced wi jeelie-jaurs

a shoal of minnows -
I glimpse old shadows
poised with jam jars

#

sinlicht skooks
athort the brae -
yalla on the brume

sunlight creeps
across the hillside -
yellow on the broom

#

pandemic -
the cricket pitch
grown-up

pandemic -
the cricket pitch
overgrown

#

covid 19
...pish-the-bed puffbaws
bidin a braith

covid 19
...dandelion puffballs
awaiting a breath

\#

tint horseshoe -
sumwhaur the soond
o huifbeats in waltz-time

lost horseshoe -
somewhere the sound
of hoofbeats in waltz-time

\#

wis't deforce? -
the drake stoors awa
deuk weshes hersel wuidly

was it rape? -
the drake rushes away
duck washes herself furiously

#

in a bourach
o gowd stoor
moch an attercap

in a storm
of gold dust
moth and spider

#

voar gairdenin -
Reid Rab's Yule pose
on the spade haunle

spring gardening -
robin's Christmas pose
on the spade handle

#

her NHS pentin
tapsalteerie -
smirkin wattergaws'r brawest

her NHS painting
upside-down -
smiling rainbows are best

#

lockdoon burthday -
balloons hing on the door
...naebodie cums

lockdown birthday -
balloons hang on the door
...nobody comes

#

lockdoon -
muin it the winnock
aw fause face

lockdown -
moon at the window
all facemask

#

faur aff lichtnin
troot
lowpin

far off lightning
trout
leaping

\#

virus apairtness -
e'en the daffins
skew thayr heids awa

virus distancing -
even the daffodils
turn their heads away

\#

voar aince mair -
syle
aneath the nail-horns

spring again -
soil
beneath the fingernails

#

lockdoon -
gean flourish
cum an gane...alane

lockdown -
cherry blossom
come and gone...alone

#

coronavirus -
bairns waff, granny greits
ahint steekit winnocks

coronavirus -
children wave, grandmother cries
behind closed windows

#

i the quate o lockdoon
a doo coos
on the ruif o oor airk

in the silence of lockdown
a pigeon coos
on the roof of our ark

#

fauty tin-apener -
bluid i the beans
...deceesions!

faulty can-opener -
blood in the beans
...decisions!

#

blue-bonnets'
dawn chorus - spatrels
on a stave o brainches

blue tits'
dawn chorus - notes
on a stave of branches

#

rugby practeese -
they hyst'm heich
...his haunprent agin the sin

rugby practise -
they hoist him high
...his handprint against the sun

\#

saft souch -
the skwurrel chynges
frae grey tae siller

gentle breeze -
the squirrel changes
from grey to silver

\#

yoga i the perk -
voar flooers
streitchin

yoga in the park -
spring flowers
stretching

#

autistic laddie
blithe i the sin
...hodden, a bleck bawdrons snokes

autistic boy
glorying in the sun
...hidden, a black cat hunts

#

the yirth draws slaw
ower a hinmaist stane
...grannie's but n ben

the earth slowly covers
a last stone
...grandmother's cottage

\#

climate chynge -
maws soomin
i the tattie dreels

climate change -
gulls swimming
in the potato furrows

\#

Canada geese
hae drapt by -
arctic wunds i thair weengs

Canada geese
have dropped in -
arctic winds in their wings

#

MS
his nummin mou
wurds left hingin

MS
his numbing lips
a suspended sentence

#

mornin Mass -
throuch the apen door
the snowk o new-bakit breid

morning Mass -
through the open door
the smell of new-baked bread

#

wunter nicht
fou muin an sterns
...a snawbaw fecht

winter night
full moon and stars
...a snowball fight

#

weet fir days -
oorie vyces
i the rone-pipes

wet for days -
eerie voices
in the drainpipes

#

holocaust day -
frae a stoppit train
a cailleach blaws a pree

holocaust day -
from a stopped train
an old lady blows a kiss

#

swans restin -
she dovers it the mids
o's trampit peth

swans resting -
she sleeps at the centre
of his beaten path

#

gale
throuch the scrappie's
...oorie orchestral

gale
through the scrapyard
...eerie orchestral

#

throuch a freesty scab
voar shuits
...mending

through a frosty scab
spring shoots
...healing

\#

amang bleck brainches
a bleck burd
...wunter negative

among black branches
a black bird
...winter negative

\#

jivin
granfaither an grandochter
...tuba an clarinet wyvein

jiving
grandfather and grand-daughter
...tuba and clarinet weaving

\#

reengin the bath
fir yestreen's attercap
...he goves frae the ceilin

searching the bath
for yesterday's spider
...he gazes from the ceiling

\#

teuch times
teuch meisures -
reid lamplicht on'r herr

tough times
tough measures -
red lamplight on her hair

#

faimily retour hame
tae fremmit lans
...a turn aff the Yule lichts

family return home
to foreign lands
...I turn off the Christmas lights

#

postie hame frae wark -
ahint the door Yule cairds
...his seelent skirl

postman home from work -
behind the door Christmas cards
...his silent scream

\#

hert depairtment
Yule tree lichts
...stoondin

heart department
Christmas tree lights
...pulsing

\#

wund
hystes an sattles
hystes an sattles the mornin

wind
raises and settles
raises and settles the morning

\#

anither Yule tree -
ilk whigmaleerie a myndin
...rosit clagginess

another Christmas tree -
each bauble a memory
...resin stickiness

\#

trains airtin northart
echa i the airch
he dovers unner

trains heading north
echo in the arch
he sleeps under

#

it the shows
airms fou o teddy-bears -
sniper hame on leave

at the carnival
arms full of teddy-bears -
sniper home on leave

#

doverin -
her cadgin cup
hauden oot in a jeelt haun

asleep -
her begging cup
held out in a frozen hand

\#

craw
reenges a crisp poke
...hern's sneist

crow
searches a crisp packet
...heron's disdain

\#

on the platform
eildit trainspotters
...stame poorin frae thair mous

on the platform
elderly trainspotters
...steam pouring from their mouths

\#

hairst leaves fawin -
on a peerie lassie's heid
a croun

autumn leaves falling -
on a little girl's head
a crown

\#

scushin leaves -
hairst
shenachies

shuffling leaves -
autumn
storytellers

\#

armistice day
it the rugby cairn
...wull they ken we touchit doon?

armistice day
at the rugby memorial
...will they know we touched down?

\#

owernicht
the wund added mair
tae the leafy jeegsaw

overnight
the wind added more
to the leafy jigsaw

\#

quatin the doacter's
a craw follaes me
...daes he ken sumhin?

leaving the doctor's
a crow follows me
...does he know something?

\#

efter the blowster
bleck-e'ed
brummles

after the storm
black-eyed
brambles

#

skateperk -
hauflins makkin
dunts an birses

skatepark -
youngsters making
bumps and bruises

#

hern speirin
ilk fuitstap
...as the bodach daes

heron testing
each footstep
...as the old man does

\#

unner the aipple tree
the auld sodger dwams
...amang the faw'n yins

under the apple tree
the old soldier dreams
...among the fallen ones

\#

the jazzman's cortege
slaws bi the pub
...his owdience aye clappin

the jazzman's cortege
slows by the pub
...his audience still clapping

#

mornin Mass -
ootby a flocht o maws
threepin in tungs

morning Mass -
outside a flock of gulls
speaking in tungs

#

sparks on roddens -
quattin thair reid life
thair clare spreit wins awa

raindrops on rowans -
leaving their red life
their clear spirit falls away

\#

dreich day -
i the playgrun
the chute's siller linn

dull day -
in the playground
the chute's silver waterfall

\#

efter the beerial
tea it the gowf club
...tentie o thaim sinkin putts

after the burial
tea at the golf club
...watching them sinking putts

#

magnolia apenin -
anither year
anither caunle

magnolia opening -
another year
another candle

#

hoosebund she goves
oot atween her balderies
...fantoosh lug-babs

housebound she gazes
out between her orchids
...exotic earrings

\#

watterside poorhoose -
they gove it thirsels
aneath the watter

riverside hostel -
they gaze at themselves
beneath the water

\#

daw sinblink
chirtin watter
frae the freestit leaves

dawn sunbeam
squeezing water
from the frosted leaves

#

furst the ambulance
wins in, syne bawdrons
...his bell tinglin

first the ambulance
arrives, then cat
...his bell tinkling

#

i the perk
craws tissle ower a berry -
tentless o the ref's fussle

in the park
crows tussle over a berry -
heedless of the ref's whistle

\#

virus apairtness -
new peths
throuch the wuids

social distancing -
new paths
through the woods

\#

pittin oot the buckets -
a fou muin
...sae claen

putting out the bins -
a full moon
...so clean

\#

auld daunce studio -
the wrackin-baw's sweeng
feshes the hoose doon

old dance studio -
the wrecking-ball's swing
brings the house down

\#

droont eemigrant -
his wan fissog turnt
tae the muin o hame

drowned imigrant -
his pale face turned
to the moon of home

#

yestreen a corp
the day swans' bonnieness
...the burn's calm souch

yesterday a corpse
today swans' elegance
...the stream's equanimity

#

licht throuch
the hairst treen
...apenin her keel boax

light through
the autumn trees
...opening her crayon box

#

broozilt gowan -
petals ligg
...exclamation merks

crushed daisy -
petals lie
...exclamation marks

#

weet bates -
leaves flattent atween pages
o yestreen an the day

rain beats -
leaves flattened between pages
of yesterday and today

\#

aneath hairst treen
plainstanes buskit
in gowd leaf

beneath autumn trees
the pavement dressed
in gold leaf

\#

pumpkin foondert
anely the caunle left
...tae licht anither

pumpkin slumped
only the candle left
...to light another

#

i the gairden
maggies line the palin
...boogie-woogie pianny

in the garden
magpies line the fence
...boogie-woogie piano

#

anely hersel
an the Yule cactus -
lanely covid blues

only herself
and the Christmas cactus -
lonely covid blues

\#

friday clavers
roond the fush-van
...apen mou'd mackrel

friday gossip
round the fish-van
...open mouthed mackrel

\#

err thrabs
as swans win awa
...stoorin cluds

air throbs
as swans leave
...racing clouds

\#

brick throuch
the priest's winnock
...Yule stern

brick through
the priest's window
...Christmas star

\#

Yule lichts turnt on -
yirth yin skinklin
whigmaleerie in space

Christmas lights turned on -
earth one glittering
bauble in space

\#

hameless -
nae Yule whigmaleeries
bit the merry dancers

homeless -
no Christmas baubles
but the northen lights

\#

bucket day -
gin bottles blink bleart lik
i the daw licht

bin day -
gin bottles blink blearily
in the dawn light

#